PAUL CELAN

SPRACHGITTER
DIE NIEMANDSROSE

GEDICHTE

S. FISCHER VERLAG

Sprachgitter
© 1959 S. Fischer Verlag GmbH, Frankfurt am Main
Die Niemandsrose
©1963 S. Fischer Verlag GmbH, Frankfurt am Main
Für die vorliegende Ausgabe:
©1986 S. Fischer Verlag GmbH, Frankfurt am Main
Satz: Fotosatz Otto Gutfreund, Darmstadt
Druck: Wagner GmbH, Nördlingen
Einband: G. Lachenmaier, Reutlingen
Gedruckt auf PAMOSOL
der Papierfabrik Albbruck, geliefert über
G. Schneider & Söhne GmbH + Co. KG., Kelkheim
Printed in Germany 1986
ISBN 3-10-010504-4

SPRACHGITTER

I

Stimmen, ins Grün
der Wasserfläche geritzt.
Wenn der Eisvogel taucht,
sirrt die Sekunde:

Was zu dir stand
an jedem der Ufer,
es tritt
gemäht in ein anderes Bild.

*

Stimmen vom Nesselweg her:

Komm auf den Händen zu uns.
Wer mit der Lampe allein ist,
hat nur die Hand, draus zu lesen.

*

Stimmen, nachtdurchwachsen, Stränge,
an die du die Glocke hängst.

Wölbe dich, Welt:
Wenn die Totenmuschel heranschwimmt,
will es hier läuten.

9

*

Stimmen, vor denen dein Herz
ins Herz deiner Mutter zurückweicht.
Stimmen vom Galgenbaum her,
wo Spätholz und Frühholz die Ringe
tauschen und tauschen.

*

Stimmen, kehlig, im Grus,
darin auch Unendliches schaufelt,
(herz-)
schleimiges Rinnsal.

Setz hier die Boote aus, Kind,
die ich bemannte:

Wenn mittschiffs die Bö sich ins Recht setzt,
treten die Klammern zusammen.

*

Jakobsstimme:

Die Tränen.
Die Tränen im Bruderaug.
Eine blieb hängen, wuchs.
Wir wohnen darin.
Atme, daß
sie sich löse.

10

*

Stimmen im Innern der Arche:

Es sind
nur die Münder
geborgen. Ihr
Sinkenden, hört
auch uns.

*

Keine
Stimme – ein
Spätgeräusch, stundenfremd, deinen
Gedanken geschenkt, hier, endlich
herbeigewacht: ein
Fruchtblatt, augengroß, tief
geritzt; es
harzt, will nicht
vernarben.

II

ZUVERSICHT

Es wird noch ein Aug sein,
ein fremdes, neben
dem unsern: stumm
unter steinernem Lid.

Kommt, bohrt euren Stollen!

Es wird eine Wimper sein,
einwärts gekehrt im Gestein,
von Ungeweintem verstählt,
die feinste der Spindeln.

Vor euch tut sie das Werk,
als gäb es, weil Stein ist, noch Brüder.

MIT BRIEF UND UHR

Wachs,
Ungeschriebnes zu siegeln,
das deinen Namen
erriet,
das deinen Namen
verschlüsselt.

Kommst du nun, schwimmendes Licht?

Finger, wächsern auch sie,
durch fremde,
schmerzende Ringe gezogen.
Fortgeschmolzen die Kuppen.

Kommst du, schwimmendes Licht?

Zeitleer die Waben der Uhr,
bräutlich das Immentausend,
reisebereit.

Komm, schwimmendes Licht.

UNTER EIN BILD

Rabenüberschwärmte Weizenwoge.
Welchen Himmels Blau? Des untern? Obern?
Später Pfeil, der von der Seele schnellte.
Stärkres Schwirren. Näh'res Glühen. Beide Welten.

HEIMKEHR

Schneefall, dichter und dichter,
taubenfarben, wie gestern,
Schneefall, als schliefst du auch jetzt noch.

Weithin gelagertes Weiß.
Drüberhin, endlos,
die Schlittenspur des Verlornen.

Darunter, geborgen,
stülpt sich empor,
was den Augen so weh tut,
Hügel um Hügel,
unsichtbar.

Auf jedem,
heimgeholt in sein Heute,
ein ins Stumme entglittenes Ich:
hölzern, ein Pflock.

Dort: ein Gefühl,
vom Eiswind herübergeweht,
das sein tauben-, sein schnee-
farbenes Fahnentuch festmacht.

UNTEN

Heimgeführt ins Vergessen
das Gast-Gespräch unsrer
langsamen Augen.

Heimgeführt Silbe um Silbe, verteilt
auf die tagblinden Würfel, nach denen
die spielende Hand greift, groß,
im Erwachen.

Und das Zuviel meiner Rede:
angelagert dem kleinen
Kristall in der Tracht deines Schweigens.

HEUTE UND MORGEN

So steh ich, steinern, zur
Ferne, in die ich dich führte:

Von Flugsand
ausgewaschen die beiden
Höhlen am untern Stirnsaum.
Eräugtes
Dunkel darin.

Durchpocht
von schweigsam geschwungenen Hämmern
die Stelle,
wo mich das Flügelaug streifte.

Dahinter,
ausgespart in der Wand,
die Stufe,
drauf das Erinnerte hockt.

Hierher
sickert, von Nächten beschenkt,
eine Stimme,
aus der du den Trunk schöpfst.

SCHLIERE

Schliere im Aug:
von den Blicken auf halbem
Weg erschautes Verloren.
Wirklichgesponnenes Niemals,
wiedergekehrt.

Wege, halb – und die längsten.

Seelenbeschrittene Fäden,
Glasspur,
rückwärtsgerollt
und nun
vom Augen-Du auf dem steten
Stern über dir
weiß überschleiert.

Schliere im Aug:
daß bewahrt sei
ein durchs Dunkel getragenes Zeichen,
vom Sand (oder Eis?) einer fremden
Zeit für ein fremderes Immer
belebt und als stumm
vibrierender Mitlaut gestimmt.

III

TENEBRAE

Nah sind wir, Herr,
nahe und greifbar.

Gegriffen schon, Herr,
ineinander verkrallt, als wär
der Leib eines jeden von uns
dein Leib, Herr.

Bete, Herr,
bete zu uns,
wir sind nah.

Windschief gingen wir hin,
gingen wir hin, uns zu bücken
nach Mulde und Maar.

Zur Tränke gingen wir, Herr.

Es war Blut, es war,
was du vergossen, Herr.

Es glänzte.

Es warf uns dein Bild in die Augen, Herr.
Augen und Mund stehn so offen und leer, Herr.

Wir haben getrunken, Herr.
Das Blut und das Bild, das im Blut war, Herr.

Bete, Herr.
Wir sind nah.

BLUME

Der Stein.
Der Stein in der Luft, dem ich folgte.
Dein Aug, so blind wie der Stein.

Wir waren
Hände,
wir schöpften die Finsternis leer, wir fanden
das Wort, das den Sommer heraufkam:
Blume.

Blume – ein Blindenwort.
Dein Aug und mein Aug:
sie sorgen
für Wasser.

Wachstum.
Herzwand um Herzwand
blättert hinzu.

Ein Wort noch, wie dies, und die Hämmer
schwingen im Freien.

WEISS UND LEICHT

Sicheldünen, ungezählt.

Im Windschatten, tausendfach: du.
Du und der Arm,
mit dem ich nackt zu dir hinwuchs,
Verlorne.

Die Strahlen. Sie wehn uns zuhauf.
Wir tragen den Schein, den Schmerz und den Namen.

Weiß,
was sich uns regt,
ohne Gewicht,
was wir tauschen.
Weiß und Leicht:
laß es wandern.

Die Fernen, mondnah, wie wir. Sie bauen.
Sie bauen die Klippe, wo
sich das Wandernde bricht,
sie bauen
weiter:
mit Lichtschaum und stäubender Welle.

Das Wandernde, klippenher winkend.
Die Stirnen
winkt es heran,

die Stirnen, die man uns lieh,
um der Spiegelung willen.

Die Stirnen.
Wir rollen mit ihnen dorthin.
Stirnengestade.

Schläfst du?

Schlaf.

Meermühle geht,
eishell und ungehört,
in unsern Augen.

SPRACHGITTER

Augenrund zwischen den Stäben.

Flimmertier Lid
rudert nach oben,
gibt einen Blick frei.

Iris, Schwimmerin, traumlos und trüb:
der Himmel, herzgrau, muß nah sein.

Schräg, in der eisernen Tülle,
der blakende Span.
Am Lichtsinn
errätst du die Seele.

(Wär ich wie du. Wärst du wie ich.
Standen wir nicht
unter *einem* Passat?
Wir sind Fremde.)

Die Fliesen. Darauf,
dicht beieinander, die beiden
herzgrauen Lachen:
zwei
Mundvoll Schweigen.

SCHNEEBETT

Augen, weltblind, im Sterbegeklüft: Ich komm,
Hartwuchs im Herzen.
Ich komm.

Mondspiegel Steilwand. Hinab.
(Atemgeflecktes Geleucht. Strichweise Blut.
Wölkende Seele, noch einmal gestaltnah.
Zehnfingerschatten – verklammert.)

Augen weltblind,
Augen im Sterbegeklüft,
Augen Augen:

Das Schneebett unter uns beiden, das Schneebett.
Kristall um Kristall,
zeittief gegittert, wir fallen,
wir fallen und liegen und fallen.

Und fallen:
Wir waren. Wir sind.
Wir sind ein Fleisch mit der Nacht.
In den Gängen, den Gängen.

WINDGERECHT

Tafelwand, grau, mit dem Nachtfries.
Felder, windgerecht, Raute bei Raute,
schriftleer.
Leuchtassel klettert vorbei.

Gesänge:
Augenstimmen, im Chor,
lesen sich wund.
(Ungewesen und Da,
beides zumal,
geht durch die Herzen.)

Später:
Schneewuchs durch alle Gehäuse, frei
ein einziges Feld,
das ein Lichtschein beziffert: die Stimmen.

Die Stimmen:
windgerecht, herznah,
brandbestattet.

NACHT

Kies und Geröll. Und ein Scherbenton, dünn,
als Zuspruch der Stunde.

Augentausch, endlich, zur Unzeit:
bildbeständig,
verholzt
die Netzhaut –:
das Ewigkeitszeichen.

Denkbar:
droben, im Weltgestänge,
sterngleich,
das Rot zweier Münder.

Hörbar (vor Morgen?): ein Stein,
der den andern zum Ziel nahm.

MATIÈRE DE BRETAGNE

Ginsterlicht, gelb, die Hänge
eitern gen Himmel, der Dorn
wirbt um die Wunde, es läutet
darin, es ist Abend, das Nichts
rollt seine Meere zur Andacht,
das Blutsegel hält auf dich zu.

Trocken, verlandet
das Bett hinter dir, verschilft
seine Stunde, oben,
beim Stern, die milchigen
Priele schwatzen im Schlamm, Steindattel,
unten, gebuscht, klafft ins Gebläu, eine Staude
Vergänglichkeit, schön,
grüßt dein Gedächtnis.

(Kanntet ihr mich,
Hände? Ich ging
den gegabelten Weg, den ihr wiest, mein Mund
spie seinen Schotter, ich ging, meine Zeit,
wandernde Wächte, warf ihren Schatten – kanntet ihr mich?)

Hände, die dorn-
umworbene Wunde, es läutet,
Hände, das Nichts, seine Meere,
Hände, im Ginsterlicht, das
Blutsegel
hält auf dich zu.

34

Du
du lehrst
du lehrst deine Hände
du lehrst deine Hände du lehrst
du lehrst deine Hände
                    schlafen

SCHUTTKAHN

Wasserstunde, der Schuttkahn
fährt uns zu Abend, wir haben,
wie er, keine Eile, ein totes
Warum steht am Heck.

. . . .

Geleichtert. Die Lunge, die Qualle
bläht sich zur Glocke, ein brauner
Seelenfortsatz erreicht
das hellgeatmete Nein.

IV

KÖLN, AM HOF

Herzzeit, es stehn
die Geträumten für
die Mitternachtsziffer.

Einiges sprach in die Stille, einiges schwieg,
einiges ging seiner Wege.
Verbannt und Verloren
waren daheim.

Ihr Dome.

Ihr Dome ungesehn,
ihr Ströme unbelauscht,
ihr Uhren tief in uns.

IN DIE FERNE

Stummheit, aufs neue, geräumig, ein Haus –:
komm, du sollst wohnen.

Stunden, fluchschön gestuft: erreichbar
die Freistatt.

Schärfer als je die verbliebene Luft: du sollst atmen,
atmen und du sein.

EIN TAG UND NOCH EINER

Föhniges Du. Die Stille
flog uns voraus, ein zweites,
deutliches Leben.

Ich gewann, ich verlor, wir glaubten
an düstere Wunder, der Ast,
rasch an den Himmel geschrieben, trug uns, wuchs
durchs ziehende Weiß in die Mondbahn, ein Morgen
sprang ins Gestern hinauf, wir holten,
zerstoben, den Leuchter, ich stürzte
alles in niemandes Hand.

IN MUNDHÖHE

In Mundhöhe, fühlbar:
Finstergewächs.

(Brauchst es, Licht, nicht zu suchen, bleibst
das Schneegarn, hältst
deine Beute.

Beides gilt:
Berührt und Unberührt.
Beides spricht mit der Schuld von der Liebe,
beides will dasein und sterben.)

Blattnarben, Knospen, Gewimper.
Äugendes, tagfremd.
Schelfe, wahr und offen.

Lippe wußte. Lippe weiß.
Lippe schweigt es zu Ende.

EINE HAND

Der Tisch, aus Stundenholz, mit
dem Reisgericht und dem Wein.
Es wird
geschwiegen, gegessen, getrunken.

Eine Hand, die ich küßte,
leuchtet den Mündern.

ABER

(Du
fragst ja, ich
sags dir:)

Strahlengang, immer, die
Spiegel, nachtweit, stehn
gegeneinander, ich bin,
hingestoßen zu dir, eines
Sinnes mit diesem
Vorbei.

Aber: mein Herz
ging durch die Pause, es wünscht dir
das Aug, bildnah und zeitstark,
das mich verformt —:

die Schwäne,
in Genf, ich sah's nicht, flogen, es war,
als schwirrte, vom Nichts her, ein Wurfholz
ins Ziel einer Seele: soviel
Zeit
denk mir, als Auge, jetzt zu:
daß ichs
schwirren hör, näher — nicht
neben mir, nicht,
wo du nicht sein kannst.

ALLERSEELEN

Was hab ich
getan?
Die Nacht besamt, als könnt es
noch andere geben, nächtiger als
diese.

Vogelflug, Steinflug, tausend
beschriebene Bahnen. Blicke,
geraubt und gepflückt. Das Meer,
gekostet, vertrunken, verträumt. Eine Stunde,
seelenverfinstert. Die nächste, ein Herbstlicht,
dargebracht einem blinden
Gefühl, das des Wegs kam. Andere, viele,
ortlos und schwer aus sich selbst: erblickt und umgangen.
Findlinge, Sterne,
schwarz und voll Sprache: benannt
nach zerschwiegenem Schwur.

Und einmal (wann? auch dies ist vergessen):
den Widerhaken gefühlt,
wo der Puls den Gegentakt wagte.

ENTWURF EINER LANDSCHAFT

Rundgräber, unten. Im
Viertakt der Jahresschritt auf
den Steilstufen rings.

Laven, Basalte, weltherz-
durchglühtes Gestein.
Quelltuff,
wo uns das Licht wuchs, vor
dem Atem.

Ölgrün, meerdurchstäubt die
unbetretbare Stunde. Gegen
die Mitte zu, grau,
ein Steinsattel, drauf,
gebeult und verkohlt,
die Tierstirn mit
der strahligen Blesse.

V

EIN AUGE, OFFEN

Stunden, maifarben, kühl.
Das nicht mehr zu Nennende, heiß,
hörbar im Mund.

Niemandes Stimme, wieder.

Schmerzende Augapfeltiefe:
das Lid
steht nicht im Wege, die Wimper
zählt nicht, was eintritt.

Die Träne, halb,
die schärfere Linse, beweglich,
holt dir die Bilder.

OBEN, GERÄUSCHLOS, die
Fahrenden: Geier und Stern.

Unten, nach allem, wir,
zehn an der Zahl, das Sandvolk. Die Zeit,
wie denn auch nicht, sie hat
auch für uns eine Stunde, hier,
in der Sandstadt.

(Erzähl von den Brunnen, erzähl
von Brunnenkranz, Brunnenrad, von
Brunnenstuben – erzähl.

Zähl und erzähl, die Uhr,
auch diese, läuft ab.

Wasser: welch
ein Wort. Wir verstehen dich, Leben.)

Der Fremde, ungebeten, woher,
der Gast.
Sein triefendes Kleid.
Sein triefendes Auge.

(Erzähl uns von Brunnen, von –
Zähl und erzähl.
Wasser: welch
ein Wort.)

Sein Kleid-und-Auge, er steht,
wie wir, voller Nacht, er bekundet

50

Einsicht, er zählt jetzt,
wie wir, bis zehn
und nicht weiter.

Oben, die
Fahrenden
bleiben
unhörbar.

DIE WELT, zu uns
in die leere Stunde getreten:

Zwei
Baumschäfte, schwarz,
unverzweigt, ohne
Knoten.
In der Düsenspur, scharfrandig, das
eine frei-
stehende Hochblatt.

Auch wir hier, im Leeren,
stehn bei den Fahnen.

EIN HOLZSTERN, blau,
aus kleinen Rauten gebaut. Heute, von
der jüngsten unserer Hände.

Das Wort, während
du Salz aus der Nacht fällst, der Blick
wieder die Windgalle sucht:

– Ein Stern, tu ihn,
tu den Stern in die Nacht.

(– In meine, in
meine.)

SOMMERBERICHT

Der nicht mehr beschrittene, der
umgangene Thymianteppich.
Eine Leerzeile, quer
durch die Glockenheide gelegt.
Nichts in den Windbruch getragen.

Wieder Begegnungen mit
vereinzelten Worten wie:
Steinschlag, Hartgräser, Zeit.

NIEDRIGWASSER. Wir sahen
die Seepocke, sahen
die Napfschnecke, sahen
die Nägel an unsern Händen.
Niemand schnitt uns das Wort von der Herzwand.

(Fährten der Strandkrabbe, morgen,
Kriechfurchen, Wohngänge, Wind-
zeichnung im grauen
Schlick. Feinsand,
Grobsand, das
von den Wänden Gelöste, bei
andern Hartteilen, im
Schill.)

Ein Auge, heute,
gab es dem zweiten, beide,
geschlossen, folgten der Strömung zu
ihrem Schatten, setzten
die Fracht ab (*niemand*
schnitt uns das Wort von der – –), bauten
den Haken hinaus – eine Nehrung, vor
ein kleines
unbefahrbares Schweigen.

BAHNDÄMME, WEGRÄNDER, ÖDPLÄTZE, SCHUTT

Lichtgewinn, meßbar, aus
Distelähnlichem:
einiges
Rot, im Gespräch
mit einigem Gelb.
Die Luftschleier vor
deinem verzweifelten Aug.
Das letzte
reitende Sandkorn.

(Die
Augärten, damals, das
gelächelte Wort
vom Marchfeld, vom
Steppengras dort.
Das tote Ringelspiel, kling.
Wir
drehten uns weiter.)

Der Sandkornritt, das
Auge, ihm zugewandt.
Die Stundentür und
ihre Geräusche.

ENGFÜHRUNG

*

VERBRACHT ins
Gelände
mit der untrüglichen Spur:

Gras, auseinandergeschrieben. Die Steine, weiß,
mit den Schatten der Halme:
Lies nicht mehr – schau!
Schau nicht mehr – geh!

Geh, deine Stunde
hat keine Schwestern, du bist –
bist zuhause. Ein Rad, langsam,
rollt aus sich selber, die Speichen
klettern,
klettern auf schwärzlichem Feld, die Nacht
braucht keine Sterne, nirgends
fragt es nach dir.

*

                    Nirgends
                              fragt es nach dir –

Der Ort, wo sie lagen, er hat
einen Namen – er hat
keinen. Sie lagen nicht dort. Etwas
lag zwischen ihnen. Sie
sahn nicht hindurch.

Sahn nicht, nein,
redeten von
Worten. Keines
erwachte, der
Schlaf
kam über sie.

*

                    Kam, kam. Nirgends
                              fragt es –

Ich bins, ich,
ich lag zwischen euch, ich war
offen, war
hörbar, ich tickte euch zu, euer Atem
gehorchte, ich
bin es noch immer, ihr
schlaft ja.

*

                           Bin es noch immer –

Jahre.
Jahre, Jahre, ein Finger
tastet hinab und hinan, tastet
umher:
Nahtstellen, fühlbar, hier
klafft es weit auseinander, hier
wuchs es wieder zusammen – wer
deckte es zu?

*

                         Deckte es
                              zu – wer?

Kam, kam.
Kam ein Wort, kam,
kam durch die Nacht,
wollt leuchten, wollt leuchten.

Asche.
Asche, Asche.
Nacht.
Nacht-und-Nacht. – Zum
Aug geh, zum feuchten.

*

        Zum
             Aug geh,
                   zum feuchten –
Orkane.
Orkane, von je,
Partikelgestöber, das andre,
du
weißts ja, wir
lasens im Buche, war
Meinung.

War, war
Meinung. Wie
faßten wir uns
an – an mit
diesen
Händen?

Es stand auch geschrieben, daß.
Wo? Wir
taten ein Schweigen darüber,
giftgestillt, groß,
ein
grünes
Schweigen, ein Kelchblatt, es
hing ein Gedanke an Pflanzliches dran –

grün, ja,
hing, ja,
unter hämischem
Himmel.

An, ja,
Pflanzliches.

Ja.
Orkane, Par-
tikelgestöber, es blieb
Zeit, blieb,
es beim Stein zu versuchen – er
war gastlich, er
fiel nicht ins Wort. Wie
gut wir es hatten:

Körnig,
körnig und faserig. Stengelig,
dicht;
traubig und strahlig; nierig,
plattig und
klumpig; locker, ver-
ästelt –: er, es
fiel nicht ins Wort, es
sprach,
sprach gerne zu trockenen Augen, eh es sie schloß.

Sprach, sprach.
War, war.

Wir
ließen nicht locker, standen
inmitten, ein
Porenbau, und
es kam.

Kam auf uns zu, kam
hindurch, flickte
unsichtbar, flickte
an der letzten Membran,
und
die Welt, ein Tausendkristall,
schoß an, schoß an.

*

                      Schoß an, schoß an.
                             Dann –

Nächte, entmischt. Kreise,
grün oder blau, rote
Quadrate: die
Welt setzt ihr Innerstes ein
im Spiel mit den neuen
Stunden. – Kreise,

rot oder schwarz, helle
Quadrate, kein
Flugschatten,
kein
Meßtisch, keine
Rauchseele steigt und spielt mit.

*

Steigt und
spielt mit –

In der Eulenflucht, beim
versteinerten Aussatz,
bei
unsern geflohenen Händen, in
der jüngsten Verwerfung,
überm
Kugelfang an
der verschütteten Mauer:

sichtbar, aufs
neue: die
Rillen, die

Chöre, damals, die
Psalmen. Ho, ho-
sianna.

Also
stehen noch Tempel. Ein
Stern
hat wohl noch Licht.
Nichts,
nichts ist verloren.

Ho-
sianna.

In der Eulenflucht, hier,
die Gespräche taggrau,
der Grundwasserspuren.

*

        (– – taggrau,
             der
                Grundwasserspuren –

Verbracht
ins Gelände
mit
der untrüglichen
Spur:

Gras.
Gras,
auseinandergeschrieben.)

66

DIE NIEMANDSROSE

I

ES WAR ERDE IN IHNEN, und
sie gruben.

Sie gruben und gruben, so ging
ihr Tag dahin, ihre Nacht. Und sie lobten nicht Gott,
der, so hörten sie, alles dies wollte,
der, so hörten sie, alles dies wußte.

Sie gruben und hörten nichts mehr;
sie wurden nicht weise, erfanden kein Lied,
erdachten sich keinerlei Sprache.
Sie gruben.

Es kam eine Stille, es kam auch ein Sturm,
es kamen die Meere alle.
Ich grabe, du gräbst, und es gräbt auch der Wurm,
und das Singende dort sagt: Sie graben.

O einer, o keiner, o niemand, o du:
Wohin gings, da's nirgendhin ging?
O du gräbst und ich grab, und ich grab mich dir zu,
und am Finger erwacht uns der Ring.

DAS WORT VOM ZUR-TIEFE-GEHN,
das wir gelesen haben.
Die Jahre, die Worte seither.
Wir sind es noch immer.

Weißt du, der Raum ist unendlich,
weißt du, du brauchst nicht zu fliegen,
weißt du, was sich in dein Aug schrieb,
vertieft uns die Tiefe.

BEI WEIN UND VERLORENHEIT, bei
beider Neige:

ich ritt durch den Schnee, hörst du,
ich ritt Gott in die Ferne – die Nähe, er sang,
es war
unser letzter Ritt über
die Menschen-Hürden.

Sie duckten sich, wenn
sie uns über sich hörten, sie
schrieben, sie
logen unser Gewieher
um in eine
ihrer bebilderten Sprachen.

ZÜRICH, ZUM STORCHEN

Für Nelly Sachs

Vom Zuviel war die Rede, vom
Zuwenig. Von Du
und Aber-Du, von
der Trübung durch Helles, von
Jüdischem, von
deinem Gott.

Da-
von.
Am Tag einer Himmelfahrt, das
Münster stand drüben, es kam
mit einigem Gold übers Wasser.

Von deinem Gott war die Rede, ich sprach
gegen ihn, ich
ließ das Herz, das ich hatte,
hoffen:
auf
sein höchstes, umröcheltes, sein
haderndes Wort –

Dein Aug sah mir zu, sah hinweg,
dein Mund
sprach sich dem Aug zu, ich hörte:

Wir
wissen ja nicht, weißt du,

wir
wissen ja nicht,
was
gilt.

SELBDRITT, SELBVIERT

Krauseminze, Minze, krause,
vor dem Haus hier, vor dem Hause.

Diese Stunde, deine Stunde,
ihr Gespräch mit meinem Munde.

Mit dem Mund, mit seinem Schweigen,
mit den Worten, die sich weigern.

Mit den Weiten, mit den Engen,
mit den nahen Untergängen.

Mit mir einem, mit uns dreien,
halb gebunden, halb im Freien.

Krauseminze, Minze, krause,
vor dem Haus hier, vor dem Hause.

SOVIEL GESTIRNE, die
man uns hinhält. Ich war,
als ich dich ansah – wann? –,
draußen bei
den andern Welten.

O diese Wege, galaktisch,
o diese Stunde, die uns
die Nächte herüberwog in
die Last unserer Namen. Es ist,
ich weiß es, nicht wahr,
daß wir lebten, es ging
blind nur ein Atem zwischen
Dort und Nicht-da und Zuweilen,
kometenhaft schwirrte ein Aug
auf Erloschenes zu, in den Schluchten,
da, wo's verglühte, stand
zitzenprächtig die Zeit,
an der schon empor- und hinab-
und hinwegwuchs, was
ist oder war oder sein wird –,

ich weiß,
ich weiß und du weißt, wir wußten,
wir wußten nicht, wir
waren ja da und nicht dort,
und zuweilen, wenn
nur das Nichts zwischen uns stand, fanden
wir ganz zueinander.

DEIN
HINÜBERSEIN heute Nacht.
Mit Worten holt ich dich wieder, da bist du,
alles ist wahr und ein Warten
auf Wahres.

Es klettert die Bohne vor
unserm Fenster: denk
wer neben uns aufwächst und
ihr zusieht.

Gott, das lasen wir, ist
ein Teil und ein zweiter, zerstreuter:
im Tod
all der Gemähten
wächst er sich zu.

Dorthin
führt uns der Blick,
mit dieser
Hälfte
haben wir Umgang.

ZU BEIDEN HÄNDEN, da
wo die Sterne mir wuchsen, fern
allen Himmeln, nah
allen Himmeln:
Wie
wacht es sich da! Wie
tut sich die Welt uns auf, mitten
durch uns!

Du bist,
wo dein Aug ist, du bist
oben, bist
unten, ich
finde hinaus.

O diese wandernde leere
gastliche Mitte. Getrennt,
fall ich dir zu, fällst
du mir zu, einander
entfallen, sehn wir
hindurch:

Das
Selbe
hat uns
verloren, das
Selbe
hat uns
vergessen, das
Selbe
hat uns — —

81

ZWÖLF JAHRE

Die wahr-
gebliebene, wahr-
gewordene Zeile: ... *dein*
Haus in Paris – zur
Opferstatt deiner Hände.

Dreimal durchatmet,
dreimal durchglänzt.

. . . .

Es wird stumm, es wird taub
hinter den Augen.
Ich sehe das Gift blühn.
In jederlei Wort und Gestalt.

Geh. Komm.
Die Liebe löscht ihren Namen: sie
schreibt sich dir zu.

MIT ALLEN GEDANKEN ging ich
hinaus aus der Welt: das warst du,
du meine Leise, du meine Offne, und –
du empfingst uns.

Wer
sagt, daß uns alles erstarb,
da uns das Aug brach?
Alles erwachte, alles hob an.

Groß kam eine Sonne geschwommen, hell
standen ihr Seele und Seele entgegen, klar,
gebieterisch schwiegen sie ihr
ihre Bahn vor.

Leicht
tat sich dein Schoß auf, still
stieg ein Hauch in den Äther,
und was sich wölkte, wars nicht,
wars nicht Gestalt und von uns her,
wars nicht
so gut wie ein Name?

DIE SCHLEUSE

Über aller dieser deiner
Trauer: kein
zweiter Himmel.

. . . .

An einen Mund,
dem es ein Tausendwort war,
verlor –
verlor ich ein Wort,
das mir verblieben war:
Schwester.

An
die Vielgötterei
verlor ich ein Wort, das mich suchte:
Kaddisch.

Durch
die Schleuse mußt ich,
das Wort in die Salzflut zurück –
und hinaus- und hinüberzuretten:
Jiskor.

STUMME HERBSTGERÜCHE. Die
Sternblume, ungeknickt, ging
zwischen Heimat und Abgrund durch
dein Gedächtnis.

Eine fremde Verlorenheit war
gestalthaft zugegen, du hättest
beinah
gelebt.

EIS, EDEN

Es ist ein Land Verloren,
da wächst ein Mond im Ried,
und das mit uns erfroren,
es glüht umher und sieht.

Es sieht, denn es hat Augen,
die helle Erden sind.
Die Nacht, die Nacht, die Laugen.
Es sieht, das Augenkind.

Es sieht, es sieht, wir sehen,
ich sehe dich, du siehst.
Das Eis wird auferstehen,
eh sich die Stunde schließt.

PSALM

Niemand knetet uns wieder aus Erde und Lehm,
niemand bespricht unsern Staub.
Niemand.

Gelobt seist du, Niemand.
Dir zulieb wollen
wir blühn.
Dir
entgegen.

Ein Nichts
waren wir, sind wir, werden
wir bleiben, blühend:
die Nichts-, die
Niemandsrose.

Mit
dem Griffel seelenhell,
dem Staubfaden himmelswüst,
der Krone rot
vom Purpurwort, das wir sangen
über, o über
dem Dorn.

TÜBINGEN, JÄNNER

Zur Blindheit über-
redete Augen.
Ihre – »ein
Rätsel ist Rein-
entsprungenes« –, ihre
Erinnerung an
schwimmende Hölderlintürme, möwen-
umschwirrt.

Besuche ertrunkener Schreiner bei
diesen
tauchenden Worten:

Käme,
käme ein Mensch,
käme ein Mensch zur Welt, heute, mit
dem Lichtbart der
Patriarchen: er dürfte,
spräch er von dieser
Zeit, er
dürfte
nur lallen und lallen,
immer-, immer-
zuzu.

(»Pallaksch. Pallaksch.«)

CHYMISCH

Schweigen, wie Gold gekocht, in
verkohlten
Händen.

Große, graue,
wie alles Verlorene nahe
Schwestergestalt:

Alle die Namen, alle die mit-
verbrannten
Namen. Soviel
zu segnende Asche. Soviel
gewonnenes Land
über
den leichten, so leichten
Seelen-
ringen.

Große. Graue. Schlacken-
lose.

Du, damals.
Du mit der fahlen,
aufgebissenen Knospe.
Du in der Weinflut.

(Nicht wahr, auch uns
entließ diese Uhr?
Gut,
gut, wie dein Wort hier vorbeistarb.)

Schweigen, wie Gold gekocht, in
verkohlten, verkohlten
Händen.
Finger, rauchdünn. Wie Kronen, Luftkronen
um — —

Große. Graue. Fährte-
lose.
König-
liche.

EINE GAUNER- UND GANOVENWEISE
GESUNGEN ZU PARIS EMPRÈS PONTOISE
VON PAUL CELAN
AUS CZERNOWITZ BEI SADAGORA

Manchmal nur, in dunkeln Zeiten,
Heinrich Heine, An Edom

Damals, als es noch Galgen gab,
da, nicht wahr, gab es
ein Oben.

Wo bleibt mein Bart, Wind, wo
mein Judenfleck, wo
mein Bart, den du raufst?

Krumm war der Weg, den ich ging,
krumm war er, ja,
denn, ja,
er war gerade.

Heia.

Krumm, so wird meine Nase.
Nase.

Und wir zogen auch nach *Friaul.*
Da hätten wir, da hätten wir.
Denn es blühte der Mandelbaum.
Mandelbaum, Bandelmaum.

Mandeltraum, Trandelmaum.

91

Und auch der Machandelbaum.
Chandelbaum.

Heia.
Aum.

Envoi

Aber,
aber er bäumt sich, der Baum. Er,
auch er
steht gegen
die Pest.

II

FLIMMERBAUM

Ein Wort,
an das ich dich gerne verlor:
das Wort
Nimmer.

Es war,
und bisweilen wußtest auch du's,
es war
eine Freiheit.
Wir schwammen.

Weißt du noch, daß ich sang?
Mit dem Flimmerbaum sang ich, dem Steuer.
Wir schwammen.

Weißt du noch, daß du schwammst?
Offen lagst du mir vor,
lagst du mir, lagst
du mir vor
meiner vor-
springenden Seele.
Ich schwamm für uns beide. Ich schwamm nicht.
Der Flimmerbaum schwamm.

Schwamm er? Es war
ja ein Tümpel rings. Es war der unendliche Teich.
Schwarz und unendlich, so hing,
so hing er weltabwärts.

95

Weißt du noch, daß ich sang?

Diese –
o diese Drift.

Nimmer. Weltabwärts. Ich sang nicht. Offen
lagst du mir vor
der fahrenden Seele.

ERRATISCH

Die Abende graben sich dir
unters Aug. Mit der Lippe auf-
gesammelte Silben – schönes,
lautloses Rund –
helfen dem Kriechstern
in ihre Mitte. Der Stein,
schläfennah einst, tut sich hier auf:

bei allen
versprengten
Sonnen, Seele
warst du, im Äther.

EINIGES HAND-
ÄHNLICHE, finster,
kam mit den Gräsern:

Rasch – Verzweiflungen, ihr
Töpfer –, rasch
gab die Stunde den Lehm her, rasch
war die Träne gewonnen –:

noch einmal, mit bläulicher Rispe,
umstand es uns, dieses
Heute.

...RAUSCHT DER BRUNNEN

Ihr gebet-, ihr lästerungs-, ihr
gebetscharfen Messer
meines
Schweigens.

Ihr meine mit mir ver-
krüppelnden Worte, ihr
meine geraden.

Und du:
du, du, du
mein täglich wahr- und wahrer-
geschundenes Später
der Rosen –:

Wieviel, o wieviel
Welt. Wieviel
Wege.

Krücke du, Schwinge. Wir – –

Wir werden das Kinderlied singen, das,
hörst du, das
mit den Men, mit den Schen, mit den Menschen, ja das
mit dem Gestrüpp und mit
dem Augenpaar, das dort bereitlag als
Träne-und-
Träne.

ES IST NICHT MEHR
diese
zuweilen mit dir
in die Stunde gesenkte
Schwere. Es ist
eine andre.

Es ist das Gewicht, das die Leere zurückhält,
die mit-
ginge mit dir.
Es hat, wie du, keinen Namen. Vielleicht
nennst auch du mich einst
so.

RADIX, MATRIX

Wie man zum Stein spricht, wie
du,
mir vom Abgrund her, von
einer Heimat her Ver-
schwisterte, Zu-
geschleuderte, du,
du mir vorzeiten,
du mir im Nichts einer Nacht,
du in der Aber-Nacht Be-
gegnete, du
Aber-Du –:

Damals, da ich nicht da war,
damals, da du
den Acker abschrittst, allein:

Wer,
wer wars, jenes
Geschlecht, jenes gemordete, jenes
schwarz in den Himmel stehende:
Rute und Hode –?

(Wurzel.
Wurzel Abrahams. Wurzel Jesse. Niemandes
Wurzel – o
unser.)

Ja,
wie man zum Stein spricht, wie
du
mit meinen Händen dorthin
und ins Nichts greifst, so
ist, was hier ist:

auch dieser
Fruchtboden klafft,
dieses
Hinab
ist die eine der wild-
blühenden Kronen.

SCHWARZERDE, schwarze
Erde du, Stunden-
mutter
Verzweiflung:

Ein aus der Hand und ihrer
Wunde dir Zu-
geborenes schließt
deine Kelche.

EINEM, DER VOR DER TÜR STAND, eines
Abends:
ihm
tat ich mein Wort auf –: zum
Kielkropf sah ich ihn trotten, zum
halb-
schürigen, dem
im kotigen Stiefel des Kriegsknechts
geborenen Bruder, dem
mit dem blutigen
Gottes-
gemächt, dem
schilpenden Menschlein.

Rabbi, knirschte ich, Rabbi
Löw:

Diesem
beschneide das Wort,
diesem
schreib das lebendige
Nichts ins Gemüt,
diesem
spreize die zwei
Krüppelfinger zum heil-
bringenden Spruch.
Diesem.

. . . .

Wirf auch die Abendtür zu, Rabbi.

. . . .

Reiß die Morgentür auf, Ra- –

MANDORLA

In der Mandel – was steht in der Mandel?
Das Nichts.
Es steht das Nichts in der Mandel.
Da steht es und steht.

Im Nichts – wer steht da? Der König.
Da steht der König, der König.
Da steht er und steht.

      Judenlocke, wirst nicht grau.

Und dein Aug – wohin steht dein Auge?
Dein Aug steht der Mandel entgegen.
Dein Aug, dem Nichts stehts entgegen.
Es steht zum König.
So steht es und steht.

      Menschenlocke, wirst nicht grau.
      Leere Mandel, königsblau.

AN NIEMANDEN GESCHMIEGT mit der Wange –
an dich, Leben.
An dich, mit dem Handstumpf
gefundnes.

Ihr Finger.
Fern, unterwegs,
an den Kreuzungen, manchmal,
die Rast
bei freigelassenen Gliedern,
auf
dem Staubkissen Einst.

Verholzter Herzvorrat: der
schwelende
Liebes- und Lichtknecht.

Ein Flämmchen halber
Lüge noch in
dieser, in jener
übernächtigen Pore,
die ihr berührt.

Schlüsselgeräusche oben,
im Atem-
Baum über euch:
das letzte
Wort, das euch ansah,
soll jetzt bei sich sein und bleiben.

. . . .

An dich geschmiegt, mit
dem Handstumpf gefundenes
Leben.

ZWEIHÄUSIG, EWIGER, bist du, un-
bewohnbar. Darum
baun wir und bauen. Darum
steht sie, diese
erbärmliche Bettstatt, – im Regen,
da steht sie.

Komm, Geliebte.
Daß wir hier liegen, das
ist die Zwischenwand –: Er
hat dann genug an sich selber, zweimal.

Laß ihn, er
habe sich ganz, als das Halbe
und abermals Halbe. Wir,
wir sind das Regenbett, er
komme und lege uns trocken.

. . . .

Er kommt nicht, er legt uns nicht trocken.

SIBIRISCH

Bogengebete – du
sprachst sie nicht mit, es waren,
du denkst es, die deinen.

Der Rabenschwan hing
vorm frühen Gestirn:
mit zerfressenem Lidspalt
stand ein Gesicht – auch unter diesem
Schatten.

Kleine, im Eiswind
liegengebliebene
Schelle
mit deinem
weißen Kiesel im Mund:

Auch mir
steht der tausendjahrfarbene
Stein in der Kehle, der Herzstein,
auch ich
setze Grünspan an
an der Lippe.

Über die Schuttflur hier,
durch das Seggenmeer heute
führt sie, unsre
Bronze-Straße.
Da lieg ich und rede zu dir
mit abgehäutetem
Finger.

BENEDICTA

*Zu ken men arojfgejn in himel arajn
Un fregn baj got zu's darf asoj sajn?*
Jiddisches Lied

Ge-
trunken hast du,
was von den Vätern mir kam
und von jenseits der Väter:
– – Pneuma.

Ge-
segnet seist du, von weit her, von
jenseits meiner
erloschenen Finger.

Gesegnet: Du, die ihn grüßte,
den Teneberleuchter.

Du, die du's hörtest, da ich die Augen schloß, wie
die Stimme nicht weitersang nach:
's mus asoj sajn.

Du, die du's sprachst in den augen-
losen, den Auen:
dasselbe, das andere
Wort:
Gebenedeiet.

Ge-
trunken.
Ge-
segnet.
Ge-
bentscht.

111

À LA POINTE ACÉRÉE

Es liegen die Erze bloß, die Kristalle,
die Drusen.
Ungeschriebenes, zu
Sprache verhärtet, legt
einen Himmel frei.

(Nach oben verworfen, zutage,
überquer, so
liegen auch wir.

Tür du davor einst, Tafel
mit dem getöteten
Kreidestern drauf:
ihn
hat nun ein – lesendes? – Aug.)

Wege dorthin.
Waldstunde an
der blubbernden Radspur entlang.
Auf-
gelesene
kleine, klaffende
Buchecker: schwärzliches
Offen, von
Fingergedanken befragt
nach – –
wonach?

Nach
dem Unwiederholbaren, nach
ihm, nach
allem.

Blubbernde Wege dorthin.

Etwas, das gehn kann, grußlos
wie Herzgewordenes,
kommt.

III

DIE HELLEN
STEINE gehn durch die Luft, die hell-
weißen, die Licht-
bringer.

Sie wollen
nicht niedergehen, nicht stürzen,
nicht treffen. Sie gehen
auf,
wie die geringen
Heckenrosen, so tun sie sich auf,
sie schweben
dir zu, du meine Leise,
du meine Wahre —:

ich seh dich, du pflückst sie mit meinen
neuen, meinen
Jedermannshänden, du tust sie
ins Abermals-Helle, das niemand
zu weinen braucht noch zu nennen.

ANABASIS

Dieses
schmal zwischen Mauern geschriebne
unwegsam-wahre
Hinauf und Zurück
in die herzhelle Zukunft.

Dort.

Silben-
mole, meer-
farben, weit
ins Unbefahrne hinaus.

Dann:
Bojen-,
Kummerbojen-Spalier
mit den
sekundenschön hüpfenden
Atemreflexen –: Leucht-
glockentöne (dum-,
dun-, un-,
unde suspirat
cor),
aus-
gelöst, ein-
gelöst, unser.

Sichtbares, Hörbares, das
frei-
werdende Zeltwort:

Mitsammen.

EIN WURFHOLZ, auf Atemwegen,
so wanderts, das Flügel-
mächtige, das
Wahre. Auf
Sternen-
bahnen, von Welten-
splittern geküßt, von Zeit-
körnern genarbt, von Zeitstaub, mit-
verwaisend mit euch,
Lapilli, ver-
zwergt, verwinzigt, ver-
nichtet,
verbracht und verworfen,
sich selber den Reim, –
so kommt es
geflogen, so kommts
wieder und heim,
einen Herzschlag, ein Tausendjahr lang
innezuhalten als
einziger Zeiger im Rund,
das eine Seele,
das seine
Seele
beschrieb,
das eine
Seele
beziffert.

HAWDALAH

An dem einen, dem
einzigen
Faden, an ihm
spinnst du – von ihm
Umsponnener, ins
Freie, dahin,
ins Gebundne.

Groß
stehn die Spindeln
ins Unland, die Bäume: es ist,
von unten her, ein
Licht geknüpft in die Luft-
matte, auf der du den Tisch deckst, den leeren
Stühlen und ihrem
Sabbatglanz zu – –

zu Ehren.

LE MENHIR

Wachsendes
Steingrau.

Graugestalt, augen-
loser du, Steinblick, mit dem uns
die Erde hervortrat, menschlich,
auf Dunkel-, auf Weißheidewegen,
abends, vor
dir, Himmelsschlucht.

Verkebstes, hierhergekarrt, sank
über den Herzrücken weg. Meer-
mühle mahlte.

Hellflüglig hingst du, früh,
zwischen Ginster und Stein,
kleine Phaläne.

Schwarz, phylakterien-
farben, so wart ihr,
ihr mit-
betenden Schoten.

NACHMITTAG MIT ZIRKUS UND ZITADELLE

In Brest, vor den Flammenringen,
im Zelt, wo der Tiger sprang,
da hört ich dich, Endlichkeit, singen,
da sah ich dich, Mandelstamm.

Der Himmel hing über der Reede,
die Möwe hing über dem Kran.
Das Endliche sang, das Stete, –
du, Kanonenboot, heißt »Baobab«.

Ich grüßte die Trikolore
mit einem russischen Wort –
Verloren war Unverloren,
das Herz ein befestigter Ort.

BEI TAG

Hasenfell-Himmel. Noch immer
schreibt eine deutliche Schwinge.

Auch ich, erinnere dich,
Staub-
farbene, kam
als ein Kranich.

KERMORVAN

Du Tausendgüldenkraut-Sternchen,
du Erle, du Buche, du Farn:
mit euch Nahen geh ich ins Ferne, –
Wir gehen dir, Heimat, ins Garn.

Schwarz hängt die Kirschlorbeertraube
beim bärtigen Palmenschaft.
Ich liebe, ich hoffe, ich glaube, –
die kleine Steindattel klafft.

Ein Spruch spricht – zu wem? Zu sich selber:
Servir Dieu est régner, – ich kann
ihn lesen, ich kann, es wird heller,
fort aus Kannitverstan.

ICH HABE BAMBUS GESCHNITTEN:
für dich, mein Sohn.
Ich habe gelebt.

Diese morgen fort-
getragene Hütte, sie
steht.

Ich habe nicht mitgebaut: du
weißt nicht, in was für
Gefäße ich den
Sand um mich her tat, vor Jahren, auf
Geheiß und Gebot. Der deine
kommt aus dem Freien – er bleibt
frei.

Das Rohr, das hier Fuß faßt, morgen
steht es noch immer, wohin dich
die Seele auch hinspielt im Un-
gebundnen.

KOLON

Keine im Licht der Wort-
Vigilie erwanderte
Hand.

Doch du, Erschlafene, immer
sprachwahr in jeder
der Pausen:
für
wieviel Vonsammengeschiedenes
rüstest du's wieder zur Fahrt:
das Bett
Gedächtnis!

Fühlst du, wir liegen
weiß von Tausend-
farbenem, Tausend-
mündigem vor
Zeitwind, Hauchjahr, Herz-Nie.

IV

WAS GESCHAH? Der Stein trat aus dem Berge.
Wer erwachte? Du und ich.
Sprache, Sprache. Mit-Stern. Neben-Erde.
Ärmer. Offen. Heimatlich.

Wohin gings? Gen Unverklungen.
Mit dem Stein gings, mit uns zwein.
Herz und Herz. Zu schwer befunden.
Schwerer werden. Leichter sein.

IN EINS

Dreizehnter Feber. Im Herzmund
erwachtes Schibboleth. Mit dir,
Peuple
de Paris. *No pasarán.*

Schäfchen zur Linken: er, Abadias,
der Greis aus Huesca, kam mit den Hunden
über das Feld, im Exil
stand weiß eine Wolke
menschlichen Adels, er sprach
uns das Wort in die Hand, das wir brauchten, es war
Hirten-Spanisch, darin,

im Eislicht des Kreuzers »Aurora«:
die Bruderhand, winkend mit der
von den wortgroßen Augen
genommenen Binde – Petropolis, der
Unvergessenen Wanderstadt lag
auch dir toskanisch zu Herzen.

Friede den Hütten!

HINAUSGEKRÖNT,
hinausgespien in die Nacht.

Bei welchen
Sternen! Lauter
graugeschlagenes Herzhammersilber. Und
Berenikes Haupthaar, auch hier, – ich flocht,
ich zerflocht,
ich flechte, zerflechte.
Ich flechte.

Blauschlucht, in dich
treib ich das Gold. Auch mit ihm, dem
bei Huren und Dirnen vertanen,
komm ich und komm ich. Zu dir,
Geliebte.

Auch mit Fluch und Gebet. Auch mit jeder
der über mich hin-
schwirrenden Keulen: auch sie in eins
geschmolzen, auch sie
phallisch gebündelt zu dir,
Garbe-und-Wort.

Mit Namen, getränkt
von jedem Exil.
Mit Namen und Samen,
mit Namen, getaucht
in alle
Kelche, die vollstehn mit deinem
Königsblut, Mensch, – in alle

Kelche der großen
Ghetto-Rose, aus der
du uns ansiehst, unsterblich von soviel
auf Morgenwegen gestorbenen Toden.

(Und wir sangen die Warschowjanka.
Mit verschilften Lippen, Petrarca.
In Tundra-Ohren, Petrarca.)

Und es steigt eine Erde herauf, die unsre,
diese.
Und wir schicken
keinen der Unsern hinunter
zu dir,
Babel.

WOHIN MIR das Wort, das unsterblich war, fiel:
in die Himmelsschlucht hinter der Stirn,
dahin geht, geleitet von Speichel und Müll,
der Siebenstern, der mit mir lebt.

Im Nachthaus die Reime, der Atem im Kot,
das Auge ein Bilderknecht –
Und dennoch: ein aufrechtes Schweigen, ein Stein,
der die Teufelsstiege umgeht.

LES GLOBES

In den verfahrenen Augen – lies da:

die Sonnen-, die Herzbahnen, das
sausend-schöne Umsonst.
Die Tode und alles
aus ihnen Geborene. Die
Geschlechterkette,
die hier bestattet liegt und
die hier noch hängt, im Äther,
Abgründe säumend. Aller
Gesichter Schrift, in die sich
schwirrender Wortsand gebohrt – Kleinewiges,
Silben.

Alles,
das Schwerste noch, war
flügge, nichts
hielt zurück.

HUHEDIBLU

Schwer-, Schwer-, Schwer-
fälliges auf
Wortwegen und -schneisen.

Und – ja –
die Bälge der Feme-Poeten
lurchen und vespern und wispern und vipern,
episteln.
Geunktes, aus
Hand- und Fingergekröse, darüber
schriftfern eines
Propheten Name spurt, als
An- und Bei- und Afterschrift, unterm
Datum des Nimmermenschtags im September –:

Wann,
wann blühen, wann,
wann blühen die, hühendiblüh,
huhediblu, ja sie, die September-
rosen?

Hüh – on tue ... Ja wann?

Wann, wannwann,
Wahnwann, ja Wahn, –
Bruder
Geblendet, Bruder
Erloschen, du liest,

dies hier, dies:
Dis-
parates –: Wann
blüht es, das Wann,
das Woher, das Wohin und was
und wer
sich aus- und an- und dahin- und zu sich lebt, den
Achsenton, Tellus, in seinem
vor Hell-
hörigkeit schwirrenden
Seelenohr, den
Achsenton tief
im Innern unsrer
sternrunden Wohnstatt Zerknirschung? Denn
sie bewegt sich, dennoch, im Herzsinn.

Den Ton, oh,
den Oh-Ton, ah,
das A und das O,
das Oh-diese-Galgen-schon-wieder, das Ah-es-gedeiht,

auf den alten
Alraunenfluren gedeiht es,
als schmucklos-schmückendes Beikraut,
als Beikraut, als Beiwort, als Beilwort,
ad-
jektivisch, so gehn
sie dem Menschen zuleibe, Schatten,
vernimmt man, war
alles Dagegen –
Feiertagsnachtisch, nicht mehr, –:

Frugal,
kontemporan und gesetzlich
geht Schinderhannes zu Werk,
sozial und alibi-elbisch, und
das Julchen, das Julchen:
daseinsfeist rülpst,
rülpst es das Fallbeil los, – call it (hott!)
love.

Oh quand refleuriront, oh roses, vos septembres?

HÜTTENFENSTER

Das Aug, dunkel:
als Hüttenfenster. Es sammelt,
was Welt war, Welt bleibt: den Wander-
Osten, die
Schwebenden, die
Menschen-und-Juden,
das Volk-vom-Gewölk, magnetisch
ziehts, mit Herzfingern, an
dir, Erde:
du kommst, du kommst,
wohnen werden wir, wohnen, etwas

– ein Atem? ein Name? –

geht im Verwaisten umher,
tänzerisch, klobig,
die Engels-
schwinge, schwer von Unsichtbarem, am
wundgeschundenen Fuß, kopf-
lastig getrimmt
vom Schwarzhagel, der
auch dort fiel, in Witebsk,

– und sie, die ihn säten, sie
schreiben ihn weg
mit mimetischer Panzerfaustklaue! –,

geht, geht umher,

140

sucht,
sucht unten,
sucht droben, fern, sucht
mit dem Auge, holt
Alpha Centauri herunter, Arktur, holt
den Strahl hinzu, aus den Gräbern,

geht zu Ghetto und Eden, pflückt
das Sternbild zusammen, das er,
der Mensch, zum Wohnen braucht, hier,
unter Menschen,

schreitet
die Buchstaben ab und der Buchstaben sterblich-
unsterbliche Seele,
geht zu Aleph und Jud und geht weiter,

baut ihn, den Davidsschild, läßt ihn
aufflammen, einmal,

läßt ihn erlöschen – da steht er,
unsichtbar, steht
bei Alpha und Aleph, bei Jud,
bei den andern, bei
allen: in
dir,

Beth, – das ist
das Haus, wo der Tisch steht mit

dem Licht und dem Licht.

DIE SILBE SCHMERZ

Es gab sich Dir in die Hand:
ein Du, todlos,
an dem alles Ich zu sich kam. Es fuhren
wortfreie Stimmen rings, Leerformen, alles
ging in sie ein, gemischt
und entmischt
und wieder
gemischt.

Und Zahlen waren
mitverwoben in das
Unzählbare. Eins und Tausend und was
davor und dahinter
größer war als es selbst, kleiner, aus-
gereift und
rück- und fort-
verwandelt in
keimendes Niemals.

Vergessenes griff
nach Zu-Vergessendem, Erdteile, Herzteile
schwammen,
sanken und schwammen. Kolumbus,
die Zeit-
lose im Aug, die Mutter-
Blume,
mordete Masten und Segel. Alles fuhr aus,

frei,
entdeckerisch,
blühte die Windrose ab, blätterte
ab, ein Weltmeer
blühte zuhauf und zutag, im Schwarzlicht
der Wildsteuerstriche. In Särgen,
Urnen, Kanopen
erwachten die Kindlein
Jaspis,chat, Amethyst – Völker,
Stämme und Sippen, ein blindes

Es sei

knüpfte sich in
die schlangenköpfigen Frei-
Taue –: ein
Knoten
(und Wider- und Gegen- und Aber- und Zwillings- und Tau-
sendknoten), an dem
die fastnachtsäugige Brut
der Mardersterne im Abgrund
buch-, buch-, buch-
stabierte, stabierte.

LA CONTRESCARPE

Brich dir die Atemmünze heraus
aus der Luft um dich und den Baum:

so
viel
wird gefordert von dem,
den die Hoffnung herauf- und herabkarrt
den Herzbuckelweg – so
viel

an der Kehre,
wo er dem Brotpfeil begegnet,
der den Wein seiner Nacht trank, den Wein
der Elends-, der Königs-
vigilie.

Kamen die Hände nicht mit, die wachten,
kam nicht das tief
in ihr Kelchaug gebettete Glück?
Kam nicht, bewimpert,
das menschlich tönende Märzrohr, das Licht gab,
damals, weithin?

Scherte die Brieftaube aus, war ihr Ring
zu entziffern? (All das
Gewölk um sie her – es war lesbar.) Litt es
der Schwarm? Und verstand,
und flog wie sie fortblieb?

Dachschiefer Helling, – auf Tauben-
kiel gelegt ist, was schwimmt. Durch die Schotten
blutet die Botschaft, Verjährtes
geht jung über Bord:

Über Krakau
bist du gekommen, am Anhalter
Bahnhof
floß deinen Blicken ein Rauch zu,
der war schon von morgen. Unter
Paulownien
sahst du die Messer stehn, wieder,
scharf von Entfernung. Es wurde
getanzt. (Quatorze
juillets. Et plus de neuf autres.)
Überzwerch, Affenvers, Schrägmaul
mimten Gelebtes. Der Herr
trat, in ein Spruchband gehüllt,
zu der Schar. Er knipste
sich ein
Souvenirchen. Der Selbst-
auslöser, das warst
du.

O diese Ver-
freundung. Doch wieder,
da, wo du hinmußt, der eine
genaue
Kristall.

ES IST ALLES ANDERS, als du es dir denkst, als ich es
                                                    mir denke,
die Fahne weht noch,
die kleinen Geheimnisse sind noch bei sich,
sie werfen noch Schatten, davon
lebst du, leb ich, leben wir.

Die Silbermünze auf deiner Zunge schmilzt,
sie schmeckt nach Morgen, nach Immer, ein Weg
nach Rußland steigt dir ins Herz,
die karelische Birke
hat
gewartet,
der Name Ossip kommt auf dich zu, du erzählst ihm,
was er schon weiß, er nimmt es, er nimmt es dir ab, mit
                                                    Händen,
du löst ihm den Arm von der Schulter, den rechten, den linken,
du heftest die deinen an ihre Stelle, mit Händen, mit Fingern,
                                                    mit Linien,

– was abriß, wächst wieder zusammen –
da hast du sie, da nimm sie dir, da hast du alle beide,
den Namen, den Namen, die Hand, die Hand,
da nimm sie dir zum Unterpfand,
er nimmt auch das, und du hast
wieder, was dein ist, was sein war,

Windmühlen

stoßen dir Luft in die Lunge, du ruderst
durch die Kanäle, Lagunen und Grachten,

bei Wortschein,
am Heck kein Warum, am Bug kein Wohin, ein Widderhorn
                                        hebt dich
– *Tekiah!* –
wie ein Posaunenschall über die Nächte hinweg in den Tag,
                                        die Auguren
zerfleischen einander, der Mensch
hat seinen Frieden, der Gott
hat den seinen, die Liebe
kehrt in die Betten zurück, das Haar
der Frauen wächst wieder,
die nach innen gestülpte
Knospe an ihrer Brust
tritt wieder zutag, lebens-,
herzlinienhin erwacht sie
dir in der Hand, die den Lendenweg hochklomm, –

wie heißt es, dein Land
hinterm Berg, hinterm Jahr?
Ich weiß, wie es heißt.
Wie das Wintermärchen, so heißt es,
es heißt wie das Sommermärchen,
das Dreijahreland deiner Mutter, das war es,
das ists,
es wandert überallhin, wie die Sprache,
wirf sie weg, wirf sie weg,
dannhastdusiewieder,wiehn,
den Kieselstein aus
der Mährischen Senke,
den dein Gedanke nach Prag trug,
aufs Grab, auf die Gräber, ins Leben,

längst
ist er fort, wie die Briefe, wie alle
Laternen, wieder
mußt du ihn suchen, da ist er,
klein ist er, weiß,
um die Ecke, da liegt er,
bei Normandie-Njemen – in Böhmen,
da, da, da,
hinterm Haus, vor dem Haus,
weiß ist er, weiß, er sagt:
Heute – es gilt.
Weiß ist er, weiß, ein Wasser-
strahl findet hindurch, ein Herzstrahl,
ein Fluß,
du kennst seinen Namen, die Ufer
hängen voll Tag, wie der Name,
du tastest ihn ab, mit der Hand:
Alba.

UND MIT DEM BUCH AUS TARUSSA

Все позты жиды
Marina Zwetajewa

Vom
Sternbild des Hundes, vom
Hellstern darin und der Zwerg-
leuchte, die mitwebt
an erdwärts gespiegelten Wegen,

von
Pilgerstäben, auch dort, von Südlichem, fremd
und nachtfasernah
wie unbestattete Worte,
streunend
im Bannkreis erreichter
Ziele und Stelen und Wiegen.

Von
Wahr- und Voraus- und Vorüber-zu-dir-,
von
Hinaufgesagtem,
das dort bereitliegt, einem
der eigenen Herzsteine gleich, die man ausspie
mitsamt ihrem un-
verwüstlichen Uhrwerk, hinaus
in Unland und Unzeit. Von solchem
Ticken und Ticken inmitten
der Kies-Kuben mit
der auf Hyänenspur rückwärts,
aufwärts verfolgbaren
Ahnen-

reihe Derer-
vom-Namen-und-Seiner-
Rundschlucht.

Von
einem Baum, von einem.
Ja, auch von ihm. Und vom Wald um ihn her. Vom Wald
Unbetreten, vom
Gedanken, dem er entwuchs, als Laut
und Halblaut und Ablaut und Auslaut, skythisch
zusammengereimt
im Takt
der Verschlagenen-Schläfe,
mit
geatmeten Steppen-
halmen geschrieben ins Herz
der Stundenzäsur – in das Reich,
in der Reiche
weitestes, in
den Großbinnenreim
jenseits
der Stummvölker-Zone, in dich
Sprachwaage, Wortwaage, Heimat-
waage Exil.

Von diesem Baum, diesem Wald.

Von der Brücken-
quader, von der
er ins Leben hinüber-
prallte, flügge

von Wunden, – vom
Pont Mirabeau.
Wo die Oka nicht mitfließt. Et quels
amours! (Kyrillisches, Freunde, auch das
ritt ich über die Seine,
ritts übern Rhein.)

Von einem Brief, von ihm.
Vom Ein-Brief, vom Ost-Brief. Vom harten,
winzigen Worthaufen, vom
unbewaffneten Auge, das er
den drei
Gürtelsternen Orions – Jakobs-
stab, du,
abermals kommst du gegangen! –
zuführt auf der
Himmelskarte, die sich ihm aufschlug.

Vom Tisch, wo das geschah.

Von einem Wort, aus dem Haufen,
an dem er, der Tisch,
zur Ruderbank wurde, vom Oka-Fluß her
und den Wassern.

Vom Nebenwort, das
ein Ruderknecht nachknirscht, ins Spätsommerohr
seiner hell-
hörigen Dolle:

Kolchis.

IN DER LUFT, da bleibt deine Wurzel, da,
in der Luft.
Wo sich das Irdische ballt, erdig,
Atem-und-Lehm.

Groß
geht der Verbannte dort oben, der
Verbrannte: ein Pommer, zuhause
im Maikäferlied, das mütterlich blieb, sommerlich, hell-
blütig am Rand
aller schroffen,
winterhart-kalten
Silben.

Mit ihm
wandern die Meridiane:
an-
gesogen von seinem
sonnengesteuerten Schmerz, der die Länder verbrüdert nach
dem Mittagsspruch einer
liebenden
Ferne. Aller-
orten ist Hier und ist Heute, ist, von Verzweiflungen her,
der Glanz,
in den die Entzweiten treten mit ihren
geblendeten Mündern:

der Kuß, nächtlich,
brennt einer Sprache den Sinn ein, zu der sie erwachen, sie —:
heimgekehrt in
den unheimlichen Bannstrahl,

der die Verstreuten versammelt, die
durch die Sternwüste Seele Geführten, die
Zeltmacher droben im Raum
ihrer Blicke und Schiffe,
die winzigen Garben Hoffnung,
darin es von Erzengelfittichen rauscht, von Verhängnis,
die Brüder, die Schwestern, die
zu leicht, die zu schwer, die zu leicht
Befundenen mit
der Weltenwaage im blut-
schändrischen, im
fruchtbaren Schoß, die lebenslang Fremden,
spermatisch bekränzt von Gestirnen, schwer
in den Untiefen lagernd, die Leiber
zu Schwellen getürmt, zu Dämmen, – die

Furtenwesen, darüber
der Klumpfuß der Götter herüber-
gestolpert kommt – um
wessen
Sternzeit zu spät?

INHALT

IV

V

Die Niemandsrose

I

III

IV